Rainer Haak

Gottes Segen auf allen Wegen

Bildnachweis:
Umschlag: Nägele/IFA-Bilderteam; S. 5: W. Rauch; S. 7: L. Hartmann; S. 9: L. Bertrand; S. 1: R. Haak; S. 13: P. Santor; S. 15: K.-H. Nill

Die Deutsche Bibliothek – CIP-Einheitsaufnahme

Gottes Segen auf allen Wegen */ Rainer Haak. – 2. Aufl. –*
Lahr/Schwarzwald : SKV-Ed., 1996
(Auf allen Wegen ; Nr. 93429)
ISBN 3-8256-3429-9
NE: GT

ISBN 3-8256-3429-9

Auf allen Wegen Nr. 93 429
2. Auflage 1996
© 1995 by SKV-EDITION, 77922 Lahr
Gesamtherstellung:
St.-Johannis-Druckerei, 77922 Lahr
Printed in Germany   4922/1996

Gottes Segen

Manchmal ist es einfach wichtig, uns gegenseitig zuzusprechen, daß wir nicht allein sind. Wir dürfen uns unserer Freundschaft vergewissern, wir dürfen unser Mitgefühl ausdrücken und unsere guten Wünsche.

Wir dürfen aber auch daran erinnern, daß der Gott allen Lebens uns begleiten und umgeben will. Wir dürfen uns seinen Schutz und seinen Frieden zusprechen und fest damit rechnen, daß er uns nahe ist: im neuen Lebensjahr, in unserer Ehe, in einer Krise – heute und für alle Zeit.

Gottes Segen wünsche ich uns allen!

Ihr Rainer Haak

*Gottes Segen sei mit dir,
wie die Sonne nach einer langen Regenzeit,
wie Wärme nach vielen frostigen Tagen,
aufwachen nach langem, tiefen Schlaf,
Glück und Freude nach einer Phase der Trostlosigkeit,
bunte Farben nach einer schwarzweißen Zeit,
neue Lebendigkeit nach Angst und Erstarrung
und eine Hoffnung über diesen Tag hinaus.*

*Gottes Segen sei mit dir,
wie eine Quelle, aus der frisches Wasser sprudelt,
ein Brunnen, an dem du Rast machst
auf einer langen, anstrengenden Wanderung,
wie ein herbeigesehnter Regen nach langer Trockenheit,
ein Becher klares Wasser in der Sommerhitze,
ein See in den Bergen, der dich einlädt
hineinzuspringen, einzutauchen, dich tragen zu lassen
und erfrischt deinen Weg fortzusetzen.*

*G*ottes Segen sei mit dir,
wie der leichte Hauch des Windes im Frühling
und der aufrüttelnde Sturm im Herbst,
wie die zarte, farbige Blüte einer Blume
und der feste Stamm eines alten Baumes,
leise und laut, langsam und schnell,
winzig klein und gewaltig groß,
für dich nicht zu fassen
und dir doch ganz nah.

*Gottes Segen sei mit dir,
Nahrung für den Körper und Nahrung für die Seele,
alles das, was du für dein Leben brauchst,
die Bereitschaft, dich deinen Krisen zu stellen,
um innerlich gewachsen daraus hervorzugehen,
Fähigkeiten, die du weiterentwickelst,
Liebe, die auch nach Enttäuschungen wächst,
und Freude darüber, deine Gaben und Talente
und alles, was du hast, mit anderen teilen zu
können.*

*Gottes Segen sei mit dir,
wie ein Licht in tiefer Dunkelheit,
ein Wegweiser, wenn du Orientierung suchst,
ein neuer Blick, der sich dir öffnet,
wenn du in Sorgen gefangen nicht mehr weiter weißt,
ein Hoffnungsschimmer in Hoffnungslosigkeit,
ein liebevoller Anstoß, wenn du festgefahren bist,
ein Weg, der sich dir auftut und dich einlädt,
deine Lebenswanderung fortzusetzen.*

*Gottes Segen sei mit dir,
wie ein Lächeln, das zwei Menschen verbindet,
Vertrauen, das niemals enttäuscht wird,
ein offenes Herz und eine offene Tür,
Angst und Haß, die sich in Liebe verwandeln –
eine Liebe, die einen langen Atem hat
und die alles mit einschließt:
dich selbst und deine Mitmenschen,
die ganze gute Schöpfung Gottes.*

Sicher hat Ihnen dieses besondere Heft mit seinen Bildern und Texten gefallen. In gleicher Aufmachung sind in der Reihe »Auf allen Wegen« bisher erschienen:

93 402   Auf allen Wegen Hoffnung
93 403   Auf allen Wegen Lebensfreude
93 404   Auf allen Wegen Lichtblicke
93 405   Auf allen Wegen Glück
93 406   Auf allen Wegen Freundschaft
93 413   Auf allen Wegen Lebenskunst
93 421   Auf allen Wegen Dank
93 422   Auf allen Wegen Trost
93 427   Auf allen Wegen Weisheit
93 428   Auf allen Wegen Vertrauen
93 429   Auf allen Wegen Gottes Segen
93 430   Auf allen Wegen gute Wünsche

Übrigens: Diese Hefte sind als Mitbringsel und »Sammelobjekt« sehr beliebt. Wenn Sie mal unerwartet ein kleines Geschenk brauchen, tasten Sie ruhig Ihre »Sammlung« an. Ergänzung ist jederzeit möglich!